ज़िन्दगी

मीनू निझावन

XpressPublishing
An imprint of Notion Press

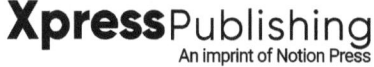

Old No. 38, New No. 6
McNichols Road, Chetpet
Chennai - 600 031

First Published by Notion Press 2020
Copyright © Minu Nijhawan 2020
All Rights Reserved.

ISBN 978-1-64805-460-0

This book has been published with all efforts taken to make the material error-free after the consent of the author. However, the author and the publisher do not assume and hereby disclaim any liability to any party for any loss, damage, or disruption caused by errors or omissions, whether such errors or omissions result from negligence, accident, or any other cause.

While every effort has been made to avoid any mistake or omission, this publication is being sold on the condition and understanding that neither the author nor the publishers or printers would be liable in any manner to any person by reason of any mistake or omission in this publication or for any action taken or omitted to be taken or advice rendered or accepted on the basis of this work. For any defect in printing or binding the publishers will be liable only to replace the defective copy by another copy of this work then available.

समर्पित है

उस ज़िन्दगी को -

जो कभी सुख कभी दुःख है |

कभी हँसी तो कभी आँसू है |

कभी हार तो कभी जीत है |

इस ज़िन्दगी की कहानी में अक्सर कुछ अपने बिछड़ जाते है और अक्सर कुछ बेगाने अपने बन जाते हैं |

पर ज़िन्दगी कहां किसी के लिए रुकी है |

उसी ज़िन्दगी के जज़्बे को समर्पित है ये मेरी कविताओ मे गुँथी ज़िन्दगी |

क्रम-सूची

प्रस्तावना	vii
भूमिका	ix
1. अध्याय 1	1
2. रफ़्तार है ज़िन्दगी	2
3. लम्हा लम्हा गुज़रती ज़िंदगी	3
4. आज कही से	4
5. ये ज़रूरी तो नहीं ??	5
6. अध्याय 6	6
7. चाहा	7
8. अध्याय 8	8
9. ज़िंदगी की महफ़िल	9
10. जफ़ा	10
11. अध्याय 11	11
12. अध्याय 12	12
13. अध्याय 13	13
14. तुझसे दूर	14
15. अध्याय 15	15
16. अध्याय 16	16
17. अध्याय 17	18
18. अध्याय 18	19
19. अध्याय 19	21
20. अध्याय 20	22

• v •

क्रम-सूची

21. अध्याय 21	23
22. अध्याय 22	25
23. अध्याय 23	26
24. अध्याय 24	27
25. अध्याय 25	28
26. अध्याय 26	29
27. अध्याय 27	31
28. अध्याय 28	32
29. अध्याय 29	33
30. अध्याय 30	34
31. अध्याय 31	35
32. अध्याय 32	36
33. अध्याय 33	37
34. अध्याय 34	38
35. अध्याय 35	39
36. अध्याय 36	40
37. अध्याय 37	41
38. अध्याय 38	42
39. अध्याय 39	43
40. अध्याय 40	44

प्रस्तावना

मीनू निझावन एक प्रख्यात माइंड ट्रेनर, हीलर, रैकी मास्टर होने के साथ साथ एक कवित्री भी हैं |

स्कूल तथा कॉलेज के दिनों से ही इनका रुझान लिखने की तरफ था तथा बहुत से पुरस्कार भी

इन्होने अपनी हृदय स्पर्शी लेखनी के द्वारा अपने नाम किए हैं |

इनकी लिखी कविताएँ मानव हृदय की वेदना को बखूबी बयां करती है |

भूमिका

ज़िंदगी का हर ख़्वाब पूरा हो ये ज़रूरी नहीं | कुछ ख़्वाब मुक़म्मल तो कुछ अधूरे ही रह जाते है |

पर एक ख़्वाब, के टूटने के बाद, नया ख़्वाब फिर से देखने का हौंसला ही है ज़िन्दगी | हार के बाद जीत है ज़िन्दगी |

अक्सर हम ज़िन्दगी की नाराजगी से हार जाते हे ,खुद को बेबस बना लेते है | ज़िंदगी को बोझ बना लेते है पर ऐसा कौन है जो हारा नहीं |

कुछ ऐसे ही ज़िन्दगी के रंगो को बयां करने की ये मेरी कोशिश है| जहां कभी दर्द में रोकर अपना दर्द मैंने कागज़ पर उतारा कभी ख़ुशी में शब्दों को काग़ज़ पर पुचकारा |

ये शब्दों से मेरा प्रेम ही है, की मेरी हर भावना को कविता का रूप देने में शब्दों ने बखूभी मेरा पूरा साथ दिआ |

हम सब ज़िंदगी में कभी ना कभी हारते है| कभी वक़्त से, कभी हालात से, और कभी खुद से|

पर जीतता वही है जो हर हार के बाद एक नई जंग की तैयारी करता है |

इन्सानी मन, भावनाओ के आवेग मे अक्सर कभी रोता कभी हँसता हैं |

कभी टूट कर बिखरता कभी संभलता है |

भूमिका

कुछ ऐसे ही ज़िन्दगी के रंगो को बयां करने की ये मेरी कोशिश है|

अध्याय 1

एक और शाम
एक और ख्वाब
एक और ज़ुस्तज़ु सी है
पाना है जो पाया नहीं
जो पाया वो भी हासिल नहीं
ये क्या पहेली क्या कशमकश सी है
ये ज़िंदगी क्या है ??
कभी पहेली कभी कशमकश सी है,
कभी तू ख़फ़ा कभी मैं नाराज़ ।
अपनी यारी ही कुछ ऐसी है।
एक और शाम
एक और ख्वाब
एक और ज़ुस्तज़ु सी है ।

2. रफ़्तार है ज़िन्दगी

साँसों की रफ़्तार है,
ज़िन्दगी |
हर पल एक नया साज़ है,
ज़िन्दगी |
तू है तो मैं हूँ,
ज़िन्दगी|
तेरी वफ़ा पर ऐतबार है,
ज़िन्दगी|
तेरी चाहत से ही मै गुलज़ार हूँ,
ज़िन्दगी|
बस यूँ ही देना साथ,
ज़िन्दगी|
बस यूँ ही देना साथ
ज़िंदगी|

3. लम्हा लम्हा गुज़रती ज़िंदगी

आंसुओ मे मुस्कुराती ज़िन्दगी,
कतरा कतरा पिघलती ज़िन्दगी।
कुछ पाने की चाह मे,
लम्हा लम्हा गुज़रती ज़िंदगी।
कुछ खुद से ही नाराज़ ज़िन्दगी,
हर पल यूं ही गुज़रती ज़िन्दगी।

4. आज कही से

चलो आज कही से,
थोड़ा सुकून ढूंढा जाए
ज़िंदगी के ज़ख्मो पर
थोड़ा मरहम रखा जाए
बन गए है जो ज़ख्म नासूर
उन्हें चुपके से सहलाया जाए
आ ज़िंदगी -
तुझे फिर से गले लगाया जाए |

5. ये ज़रूरी तो नहीं ??

जो चाहो मिल जाए,
ये ज़रूरी तो नहीं ??

कहते हैं-
ज़िन्दगी,
समझौतो के सिवा,
कुछ भी नहीं |

पर ज़िन्दगी,
अब तेरी मर्ज़ी मे
मेरी मर्ज़ी नहीं !!!

तेरी मर्ज़ी ने बहुत रंग दिखाए है,
जब भी हँसना चाहा
आँसू छलक आए हैं |

अब ग़म मे भी है ख़ुशी,
क्योकि-
ज़िंदगी,
अब तेरी मर्ज़ी मे मेरी मर्ज़ी नहीं |

अध्याय 6

मैं और मैं
अक्सर
ख़ुद से बाते करते है
सुबह की चाय से लेकर
रात के खाने तक
रात के अंधेरो में
पलकों के भारी हो जाने तक
मैं और मैं
खुद से बाते करते है
सुबह की पहली किरण से
रात की गहराईयो तक
कितनी ही बाते करते
कितने ही ख़्वाब बुनते कितने ही दर्द सुनते
मैं और मैं अक्सर खुद से बाते करते हैं
मैं और मैं अक्सर खुद से बाते करते हैं ||

7. चाहा

जितना तुझे समझना चाहा,
 उलझती गई |
ज़िन्दगी तुझे जीते जीते
 थक सी गई |
अब अपनी गोद मे सकुन,
 मुझको भी दे दे|
शिक़वा नहीं कोई तुझसे,
 पर मुस्कुराने की
 कोई तो वज़ह दे दे|
थक गई हूँ, सुबह के इंतज़ार में,
 अब तो रोशनी से दामन
 मेरा भी भर दे |

अध्याय 8

ये दुनिया के रिश्ते
एक छलावा है
ख़ुद की ऊँगली पकड़
खुद को ही तूने थामना है
दिल के करीब होकर
दिल को ही ठोकर मारते हैं अपने
ज़िन्दगी भर के ज़ख्म
दे जाते हैं कुछ सपने
बस ख़ुद को तू पहचान ले
दुनिया के मेले में
अपनो को पहचान ले
हिम्मत रख बस
कुछ करने
की ठान ले।

9. ज़िंदगी की महफ़िल

ये ज़िंदगी की महफ़िल में
मुस्कुराते चेहरे
खुद को मुक़मल
दिखाने की चाह में
खिलखिलाते चेहरे
तमाशा ऐ ज़िन्दगी में
तमाशा से चेहरे
आंसुओ को आँखों में
दफ़न करते चेहरे
ये ज़िंदगी की महफ़िल में
मुस्कुराते चेहरे |

10. जफ़ा

तेरी हर जफ़ा पर ....
वफ़ा
किए जा रही हूँ
मैं
तेरी हर आजमाईश को
आजमा
रही हूँ मैं
ना तू हारी
ना घबराई हूँ
मैं
लगा ले अब गले
ज़िंदगी
अब कुछ घबराई हूँ मैं ||

अध्याय 11

काश
के ज़िंदगी में
'काश' ना होता
कुछ भी ना ढूंढ़ता
ये दिल
जो भी होता बस यहीं होता
ये काश ही तो मारता आया है
ना खुद जिया -
आराम से
ना चैन
किसी को दे पाया है॥

अध्याय 12

वो कुछ हारा सा
निराश सा
चला जाता है
रोज़ सुबह बुनता है
कुछ ख़्वाब
शाम ढले टूटे ख़्वाबों का
मातम मनाता है
तू क्यों हार जाता है??
चल उठ भाग
इस निराशा मे
ज़िन्दगी का सार नहीं
टूटे ख़्वाबों पर आँसू ना बहा
उठ भाग परिंदो से पर फैला
हौसलों से आसमान से ऊपर उठ जा
यूँ ख़ुद से ना हार
कुछ ख़्वाब टूटे तो क्या
चल एक नया ख़्वाब
और सजा
हिम्मत कर
जीत जा
बस जीत जा ||

अध्याय 13

दिल में तुम
धड़कन में तुम
पर ज़िन्दगी में नहीं
हँसी में तुम
नमी में तुम
पर ज़िंदगी में नहीं
हर दुआ में तुम
सजदे में तुम
पर ज़िन्दगी में नहीं
जी रहे है कुछ इस कदर हम
मुझमे तू तुझमे मैं
पर ज़िन्दगी में नहीं[[

14. तुझसे दूर

तुझसे दूर,
हर पल
मर मर के जी रही हूँ ।
तू ख़ुश होगा
बस यही सोचकर
मैं भी ख़ुश होने का
दिखावा कर रही हूँ
तू है तो -
हर ख़ुशी है मेरी
तेरी हसीं से ही
ज़िन्दगी मे, हँसी है मेरी
तेरे लिए कुछ भी कर जाऊँ
इन्सान तो क्या
ख़ुदा से भी
लड़ जाऊँ
तू मेरी मन्नत
तू दुआ हे मेरी
ज़िन्दगी के
हर मर्ज़ की
तू ही दवा है मेरी ॥

अध्याय 15

कुछ कर
अपने मन की
ख्वाहिशो को ज़िन्दा रख
बादलों सी गरज
बारिशों सी बरस
हवा सी बह
खुशबू सी महक
ख्वाहिशो को ज़िंदा रख
हौसला बुलंद रख
उठ भाग
फिर संभल
समय को बदल
कुछ कर अपने मन की
ख्वाहिशो को ज़िन्दा रख
तेरे ख़्वाब हैं तो तू है
जी ले अब हर ख़्वाब
मत और इन्हे
अब दफ़न कर
कुछ कर
अपने मन की
ख्वाहिशो को ज़िन्दा रख ||

अध्याय 16

अब जो रुका
तो हार है
ना रुक अब
कदम बढ़ा
जीतने के गीत गा
सपनों को पँख लगा
बस एक बाज़ी और खेल जा
रख हौंसला
वो मंज़िल भी आएगी
कितने ख़्वाब सजाए तूने
छुप छुप के अश्क़
बहाए तूने |
बस अब कब तक
वक़्त की आंधी रुलाएगी |
जीतना हे तुझे
बस अब जीत
कदमों मे आएगी
कदम कदम चलता जा
हौंसलो से बढ़ता जा
बस कुछ पल की है दूरी
वो जीत की रौनके भी आएंगी
ना डर तू

मीनू निझावन

तू मेहनतो का राग है
तेरे हौसले पर
कितनो को गुमान है
बस अब मेहनत रंग लाएगी
जीतना है तुझे
तेरी हिम्मत
हजारों को राह दिखाएगी
बस चलता जा
तेरी मंज़िल तुझे गले लगाएगी॥

अध्याय 17

कुछ बुझा सा
कुछ उदास सा
क्यूँ है दिल ?
कभी तो बेफिक्री से
अपनी
ज़िन्दगी से मिल
ये उदासी
ये तनहाई
क्यूँ तुझपर हावी है
हॅसते हॅसते आँख भी अक्सर
क्यों तेरी भर आई है
ना इस तरह काफ़िर
दुनिया से मिल
उतार दे ये उदासी की चादर
चल अब ज़िन्दगी से मिल||

अध्याय 18

बचपन की बातें
बहुत याद आती हैं
अक्सर
आकर दिल को
बहला जाती हैं
अरसा हुआ बचपन गया
वो बेफिक्री
वो निश्छल हसीं
सब ले गया
आज हसी भी जैसे
क़र्ज़ सी लगती है
सिमट गई है ज़िंदगी
हर चीज़
बस फ़र्ज़ लगती है
अब वो बचपन के पल नहीं मिलते
चुटकी में सुलझ जाते थे जो
अब वो बातों के हल नहीं मिलते
वो रूठना मनाना
हर बात पे रोना
फिर खुद ही मान जाना
वो प्यारे मासूम पल
अब नहीं मिलते

ज़िन्दगी

बस यादें ही हैं
उन लम्हो की
जीने को दोबारा वो पल नहीं मिलते||

अध्याय 19

क्या आसान है
ज़िन्दगी
तुझे परखना
अगले पल
क्या सोचा तूने
इसे समझना
शायद नहीं !!!

कहाँ कोई समझ पाया
कितने हैं आए
दर्द में करहाए
ख़ुशी में खिलखिलाए
पर अगली चाल
क्या है तेरी
कोई समझ ना पाए||

अध्याय 20

एक आस
लगाए बैठे
ज़िंदगी भर
कभी तो तू
गले लगाएगी
ऐ ज़िंदगी
ना वो आस हारी
ना तू ही मानी
क्यूँ इतनी बेरूखी रही
'ज़िंदगी'
मेरे लिए ऐ ज़िंदगी॥

अध्याय 21

मेरे शहर से कहना
आज भी ...
उसकी मिट्टी की
सोंधी खुशबू
मेरी साँसों में
बस्ती है
आज भी मेरे शहर से
बहकर आती हवा
मुझे अपने
आग़ोश में लेती हैं
हार जाती हूँ
जब यूँ ही-
मेरे शहर की
यादे तसल्ली देती हैं
अरसा हुआ
तुझसे दूर हुए
पर हर पल तेरे साथ हूँ मैं
दूर ही सही
पर कहीं तेरे पास हूँ मैं
ये रिश्ता ये बंधन
कुछ यूँ जुड़ गया है
ज़िंदगी का एक हिस्सा

ज़िन्दगी

तेरे नाम कर गया है
आज भी तू मेरा है
दूर ही सही
मेरे शहर में
आज भी मेरी यादों का बसेरा है

अध्याय 22

तू खुद की तलाश में
एक बार तो चल
ख़ुद से मिल कभी
अपने वजूद से
बात कर
कितनी अनकही
हसरतों से मिल
खुद की तलाश में
एक बार तो चल||

अध्याय 23

कब चाहा था
आकाश सारा
एक मुट्ठी भर
ही चाहा था
जो मुट्ठी में
भी ना समाया
वो आकाश नहीं
कोई आवारा बादल
हरजाई था॥

अध्याय 24

मुस्कुराती हूँ बहुत
पर ये जानती हूँ
ये मुस्कुराहट भी
जाली है
आज भी है खाली हाथ
बस तमनाओं की ही
जेब भारी है ॥

अध्याय 25

चलो आज
कही से
थोड़ा सुकून ढूंढा जाए
ज़िंदगी के
ज़ख्मो पर थोड़ा
मरहम रखा जाए
बन गए है
जो ज़ख्म नासूर
उन्हें चुपके से
सहलाया जाए
आ ज़िंदगी
तुझे फिर से
गले लगाया जाए ||

अध्याय 26

काश वो वक़्त
फिर मिल जाए,
जिआ था जिन्हे
कल
वो पल फिर
मिल जाए |
वो रूठना मनाना,
ज़िन्दगी तेरे लिए
ख़्वाब सजाना |
वो बचपन के साथी
फिर मिल जाए,
काश....
वो तपती दूपहरी के
सर्द पल
फिर मिल जाए
काश के वो
बारिश की...
रिम झिम मे
भीगने के मन
मिल जाए
मकानों की नीवों मे...
खेलते हुए

ज़िन्दगी

बुने थे जो सपने,
काश वो सपने
फिर मिल जाए
काश वक़्त वही लौट जाए
जिआ था जिन्हे कल
वो पल फिर मिल जाए |

अध्याय 27

वो बचपन
के पल
फिर मिल जाए

ना कोई दर्द
ना फ़साना था
मासूम सी चाहते थी
बस मुस्कुराहट ही
खज़ाना था
आज शायद सब है ,
पर शायद कुछ भी नहीं
ज़िन्दगी
कोई गिला नहीं तुझसे
पर वो जो बीत गया
कुछ तो उसके रंग ढंग दे दे
चल कुछ वो बीते पल दे दे।

अध्याय 28

साँस ले रहीं हूँ
पर फिर भी
दम सा
घुटता है
ज़िन्दगी तू
है तो
पर तेरा चेहरा
बेगाना लगता है॥

अध्याय 29

नए ख़्वाब
नए आग़ाज़
किस मोड़ पर
ले जाएंगे
ज़िंदगी
तेरी वफ़ा
के लिए
फिर ख़ुद को आजमाएंगे |

अध्याय 30

ये क्या
तमाशा है
ज़िंदगी
पाने के बाद
खोना
क्यों लाज़मी है
ज़िन्दगी
तू क्यों नहीं बस में
क्यों करती है
बस अपनी मनमर्ज़ी ||

अध्याय 31

तहज़ीब के
दायरे में
अक्सर अपना दिल
दुखाया है -
नज़रों से
जो गिर चुके थे
कम्बख़्त दिल ने
फिर से उन्हें बुलाया है|

अध्याय 32

इस बार कुछ नया
किया जाए
सर पे इलज़ाम हो
क़त्ल का
फिर एक और क़त्ल किया जाए||
ये क्या
अदा है
तेरी ज़िंदगी
जवाब कुछ देती नहीं
बस सवाल ही सवाल
है ज़िन्दगी||

अध्याय 33

तुझे माफ़
कर भी दू
तो क्या तू
खुद को माफ़
कर पाएगी
ऐ ज़िंदगी
दिए जो दर्द बेपनाह
अब तू भी
कुछ तो करहाएगी ||

अध्याय 34

मौज में हूँ
तो शांत
दरिया हूँ मैं
फैंकोगे पत्थर
जो मेरे वज़ूद पर
तो उफनती नदी भी हूँ मैं ||

अध्याय 35

आज
एक बरस और
आगे बीत गई
ज़िंदगी
सवाल वही
कम होते
सालों पर
जाए
या बरसो पहले
शुरु हुआ जो सफ़र
उसे सराहा जाए||

अध्याय 36

ये तो बताओ
क्यों ये आस है
जो मिटती नहीं
ये क्या ख़्वाब है
जिसकी मंज़िल नहीं
कुछ तो बताओ
कुछ तो समझाओ ॥

अध्याय 37

सांस ले रहे हैं
पर दम सा
घुटता है
ज़िंदगी तू है तो
पर तेरा चेहरा
बैगाना लगता है ||

अध्याय 38

ये बेबसी ये तनहाई
चारों तरफ़
कुछ यूं है छाई
जैसे चमकते चाँद पर
काली बदली है छाई
उम्मीदों के दामन
साथ छोड़ रहे
रफ़ता रफ़ता
मुझे अंधारो मे
धकेल रहे
कब आएगी सुबह
रोशनी मे नहाई
कब रुख़सत होगी
ये कमबख़्त तनहाई||

अध्याय 39

नया साल
नये हालात
जो रह गई हैं ख़्वाहिशें
चल फिर से उनको सींच डाल |
कुछ काम हैं अधूरे
कुछ सपने करने पूरे
दिल को फिर से संभाल
हालात और वक़्त को
अब मत बना अपनी ढ़ाल
जी ले हर ख़्वाब
ना कुछ भी अब
कल पे टाल ||

अध्याय 40

बस बहुत हुआ
ये रोना ये हारना
छटपटाना हर पल डर के गुज़ारना
ज़िन्दगी आज से तू पराई है
कोई उम्मीद अब तुझसे नहीं लगाई हैं
ख़ुद पर अब यकीन हो चला है
रोज़ रोज़ के मरने से अब दिल ऊब चला है
मरना तो है एक दिन
फिर क्यूँ जीते जी ये अर्थी सजाई है
जीना अब हर ख़्वाब है
अब ख़्वाबों से लगन लगाई है
हार जाऊ अब फ़िक्र नहीं
बस अब तो होसलों की आजमाइश है
ज़िन्दगी आज से तू पराई है ।